GUT UND BÖSE

Autor: Michael Pearl
Gestaltung: Danny Bulanadi
Schattierung: Clint Cearley

Gut und Böse®

Copyright © 2010 European Missionary Press

ISBN: 9-783941-398061

Veröffentlich durch: European Missionary Press
Oberdorfstrasse 24
69124 Heidelberg
Deutschland
www.empgermany.com

Bibeltext der Schlachter Copyright © 2000 Genfer Bibelgesellschaft. Wiedergegeben mit freundlicher Genehmigung. Alle Rechte vorbehalten

Alle Rechte vorbehalten

Nachdruck, auch auszugsweise, verboten

Kein Teil dieses Werkes darf ohne schriftliche Einwilligung des Verlages in irgendeiner Form (Fotokopie, Mikrofilm order ein anderes Verfahren), auch nicht elektronischer Systeme verarbeitet, vervielfältigt order unter Verwendung elektronischer Systeme verarbeitet, vervielfältigt oder verbreitet werden.

Umschlag: Danny Bulanadi, Clint Cearley, Lynne Hopwood

European Missionary Press (EMP) ist ein Dienst der Bibel Baptisten Gemeinde. Es ist unser Ziel, bibeltreue Literatur in den Sprachen Europas zu verbreiten. Wir sind ein kleiner Dienst. Wenn unsere Bücher ein Segen für Sie sind, freuen wir uns über Ihre Mitarbeit durch Spenden und Gebet oder Mithilfe beim Übersetzen. Besuchen Sie uns unter www.Bibelwahrheit.de.

1. Auflage: Deutschland Oktober 2010 – 3.000

EMPGERMANY.COM

EINLEITUNG

Dieses Buch ist das Produkt aus neun Jahren Arbeit. Das größte Bestreben auf dieser Erde ist, die Botschaft von Jesus Christus denen zu bringen, die noch nie davon gehört haben. Michael und Debi Pearl, Gründer und Direktoren von No Greater Joy Ministries, unterstützen seit über vierzig Jahren aktiv und finanziell Missionsarbeit. Als ihre Tochter Rebekah Missionarin bei einem einfachen Stamm auf einem abgelegenen Berg im Hochland Papua-Neuguineas war, suchten sie nach einfachen biblischen Darstellungen, um sie in die Sprache des Kumboi-Stammes zu übersetzen. Es gab zwar biblische Bilder, aber sie waren entweder schlecht gemacht oder sehr teuer. Also begab Michael sich auf die Suche nach einem professionellen Zeichner.

Mehrere Jahre vorher hatte Danny Bulanadi, ein Zeichner für Marvelcomics, das Evangelium von Jesus Christus gehört und wurde wiedergeborener Christ. Er fühlte sich bei seiner Arbeit nicht mehr wohl und begann, als Nachtwächter in San Francisco zu arbeiten. Danny und Michael trafen sich und entwickelten zusammen einen Plan. Michael, selbst ein wenig künstlerisch begabt, schrieb den Text und machte den ersten Entwurf der Bilder und gab sie anschließend Danny. Danny entwickelte das Ganze zum bestgezeichneten Bibelcomic aller Zeiten. Es war ein langsamer und mühsamer Prozess und manchmal wurde gezeichnet und neu gezeichnet. Die fertigen Schwarzweißzeichnungen kamen dann in den Computer, und Clint Cearley schattierte sie in Photoshop. Als nächstes wurden Sprechblasen und Text hinzugefügt, wieder ein zeitaufwendiger Prozess. Schließlich kamen Bearbeitung und Korrekturlesen.

Es war von Anfang an unsere Absicht, die Bilder nicht wie typische religiöse Bilder aussehen zu lassen. Wir wollten den traditionellen, auf der ganzen Welt bekannten Comicstil. Wir haben ein Buch geschaffen, das sich auf jedem Marktstand in Thailand oder Indien verkaufen lässt. Es wird in Ländern angenommen werden, die sonst für Christen nicht zugänglich sind. Eine Schachtel dieser Bücher kann einem moslemischen oder hinduistischen Verkäufer gegeben werden, und er wird sie zum Verkauf anbieten. Die Bücher werden dorthin gehen, wo die Bibel verboten ist, aber sie bringen die gleiche Botschaft.

Sie werden die Geschichte von David und Goliath oder von Daniel in der Löwengrube nicht finden. Es ist unmöglich, die ganze Bibel in nur 300 Seiten abzudecken. Die Geschichten sind aber nicht einfach willkürlich gewählt. Dies ist eine chronologische Darstellung der biblischen Botschaft, die gerade soviel Hintergrund des Alten Testaments wie nötig enthält, dass der Leser verstehen kann, wer Gott der Herr ist und was das Evangelium von Jesus Christus bedeutet.

Während das Buch auf Englisch inzwischen in Farbe zur Verfügung steht, wird die klassische Schwarzweißfassung auf Spanisch, Ukrainisch, Burmesisch, Lao, Thailändisch, Hmong, Cebuano und in den Sprachen der Karen und Wa gedruckt und wird gerade in mehr als hundert Sprachen übersetzt. Der Erlös vom Verkauf des englischen Buches ermöglicht es uns, das Buch kostenlos für Militärkaplane, Gefängnisprediger und Missionare in vielen Sprachen zur Verfügung zu stellen.

WENN SIE DIE GESCHICHTEN IN DER BIBEL SELBST LESEN WOLLEN, SCHLAGEN SIE EINFACH DIE AUF JEDER SEITE UNTEN ANGEGEBENEN BIBELSTELLEN NACH.

KAPITEL

1.	DER ANFANG	1
2.	ABRAHAM	21
3.	MOSE	36
4.	DER AUSZUG AUS ÄGYPTEN	65
5.	DAS KÖNIGREICH	95
6.	ELIA	114
7.	PROPHEZEIUNGEN AUF CHRISTUS	142
8.	DAS NEUE TESTAMENT	158
9.	FRÜHER DIENST	178
10.	WUNDER UND GLEICHNISSE	209
11.	PASSAH UND LEIDEN	242
12.	AUFERSTEHUNG UND DIE ERSTE GEMEINDE	272
13.	IN DIE GANZE WELT	300

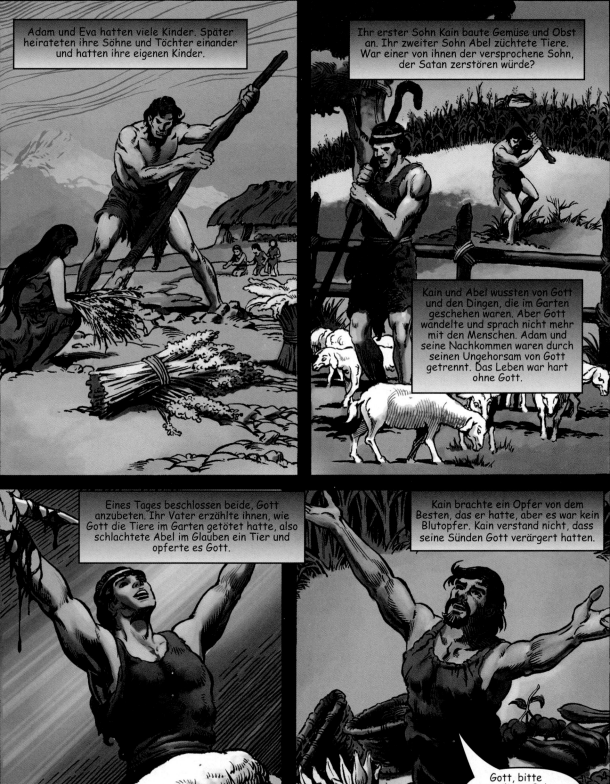

1. Mose 4,5-8

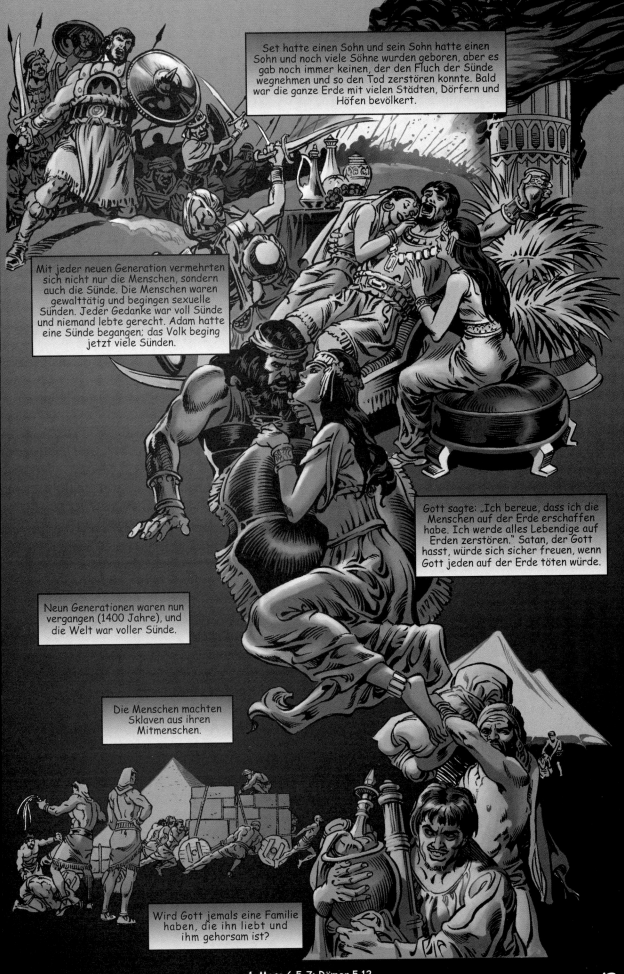

Bald kam das Boot zur Ruhe auf einem Berg namens Ararat. Jeder kam hinaus in eine neue Welt ohne Sünde.

Noah baute einen Altar und brachte Gott ein Tieropfer. Obwohl Noah ein gerechter Mann war, gab es immer noch Sünde in seinem Herzen. Diese Blutopfer wurden Gott dargebracht anstelle seines Lebens und das seiner Familie.

Ich setze diesen Regenbogen in den Himmel als Erinnerung, dass ich nie wieder eine Flut senden werde, um die Erde zu zerstören. Ihr sollt viele Kinder haben, um die ganze Erde wieder zu bevölkern.

Ich werde den Tieren Furcht geben vor den Menschen. Ihr könnt nun jedes Tier essen, das auf der Erde lebt und kriecht, genauso wie ihr Gemüse und Kräuter esst, aber esst niemals das Blut irgendeines Tieres und tötet niemanden.

Die Tiere waren stellvertretend für die acht Menschen, die in der Flut hätten sterben sollen, jedoch durch Gottes Gnade verschont blieben. Es war etwas Ähnliches wie das, was Gott für Adam und Eva getan hatte, als er die Tiere tötete, um ihnen Kleidung zu machen.

Wenn jemand schuldig ist, einen anderen Menschen getötet zu haben, dann soll auch er durch Menschenhand getötet werden. Der Mörder bezahlt mit seinem Blut für das Blut des Anderen, denn das Leben ist in dem Blut.

Noah wurde Bauer und pflanzte Trauben. Die neue Welt war einsam mit nur vier Familien, aber bald hatten seine Söhne selber Kinder.

Noah entdeckte, wenn man Trauben in ein Gefäß steckt und sie ein paar Wochen stehen lässt, wird ein alkoholisches Getränk daraus, das einem gute Gefühle gibt. Noah mochte dieses neue Getränk so sehr, dass er manchmal nicht arbeiten konnte. Er wurde einfach ohnmächtig. In seinem Rausch tat er Dinge, die Gott nicht gefielen.

1. Mose 8,4.20; 9,1-29

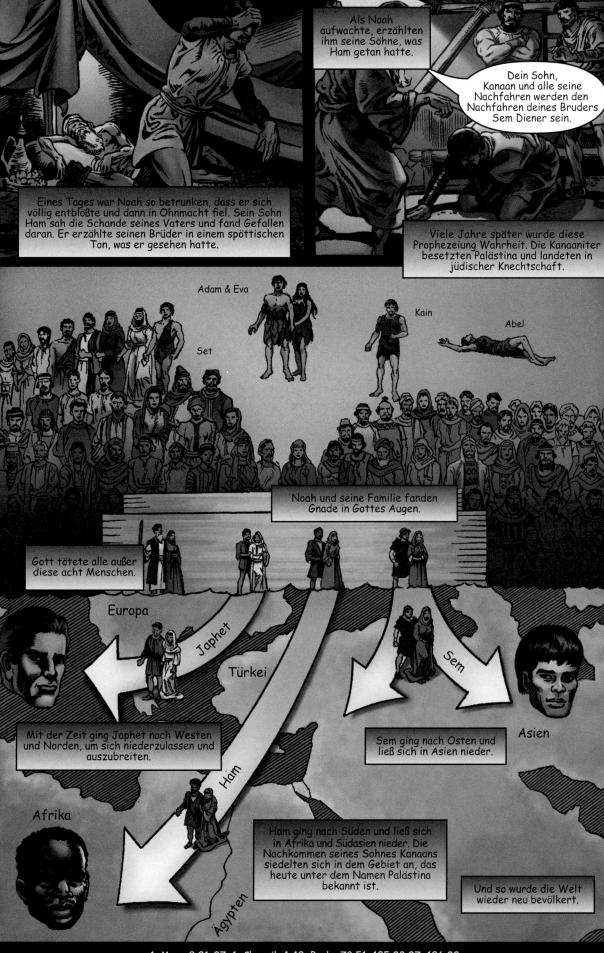

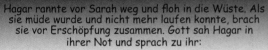

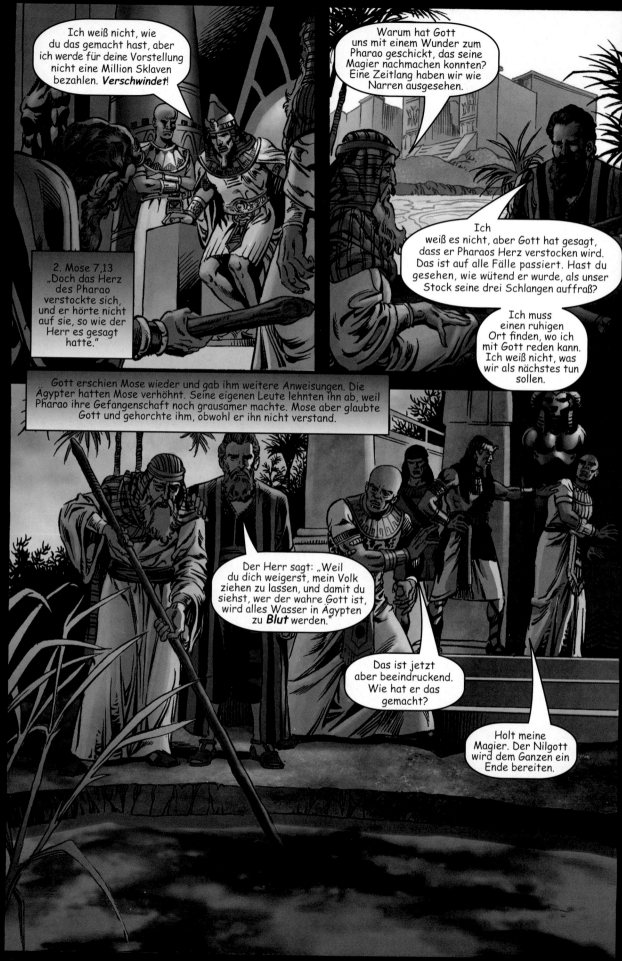

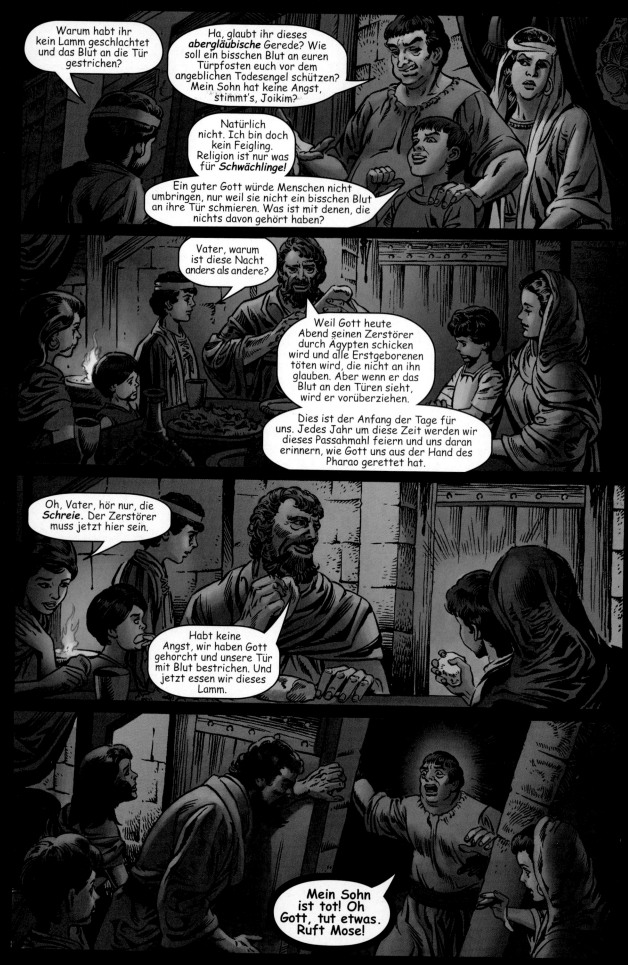

KAP 4 — DER AUSZUG AUS ÄGYPTEN

2. Mose 14,27-28

4. Mose 16,19-24

KAP 5 — DAS KÖNIGREICH

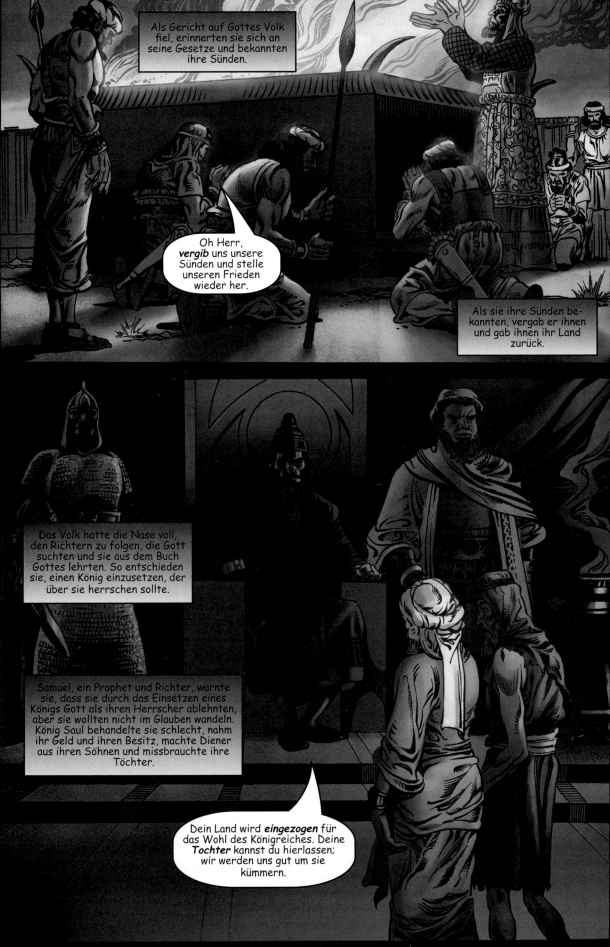

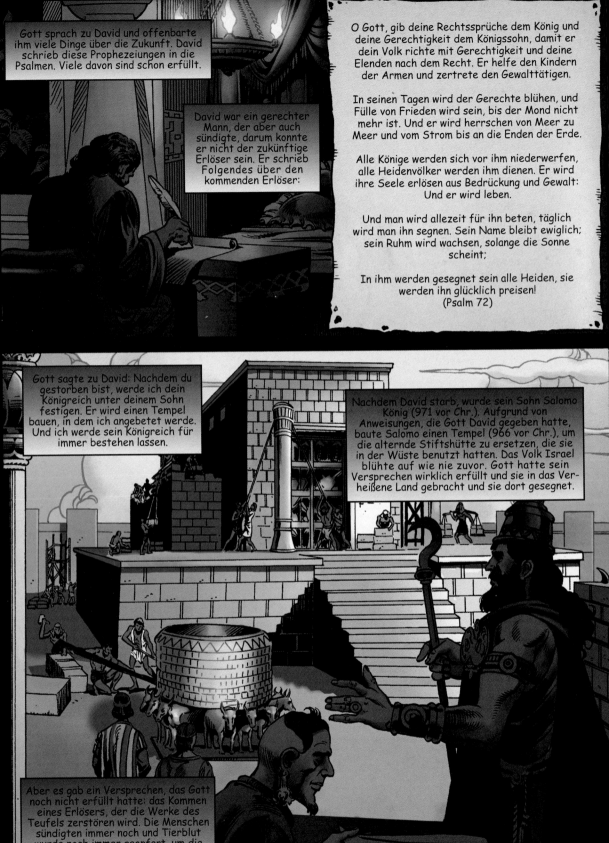

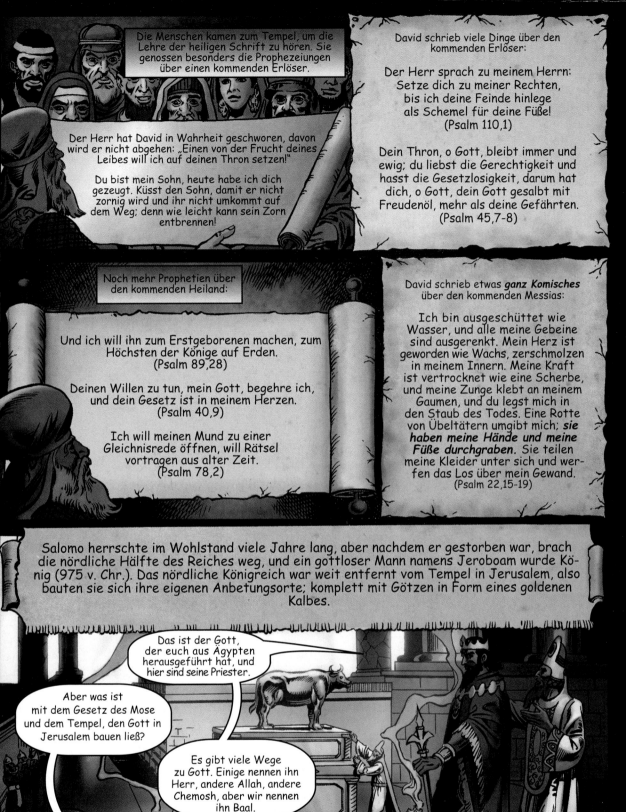

Der Prophet verließ das Haus mit schwerem Herzen, denn er wusste, dass Gott seinem Wort immer treu ist. Er wusste, dass er sterben würde. Nur hatte er es nicht so bald und in dieser Art und Weise erwartet.

AHHH!

Das ist der Prophet aus Juda.

Und es ist noch komischer, dass der Löwe und der Esel nebeneinander sitzen – als ob sie den Leichnam *bewachen*.

So etwas habe ich noch *nie* gesehen. Der Löwe hat ihn getötet und sitzt aber einfach neben ihm, ohne ihn zu *fressen*.

Der falsche Prophet nahm den Propheten Gottes und begrub ihn in seinem eigenen Grab, neben den Priestern Baals, nicht weit weg von dem zerstörten Götzenaltar.

Gott tötete ihn wegen seines Ungehorsams. Sicherlich wird alles erfüllt werden, was er prophezeit hat.

Der Mann Gottes wurde begraben und bald von den Meisten vergessen. Der Altar wurde repariert und noch 300 Jahre später wurde darauf dem Baal geopfert, aber die Knochen der Priester Baals wurden nie, wie von dem Mann Gottes prophezeit, auf dem Altar verbrannt.

300 Jahre später kam ein König namens Josia auf den Thron in Juda (640 vor Chr.). Er ging zum Tempel und fand eine Kopie der Bibel. Es beunruhigte ihn, dass das Volk den lebendigen Gott vergessen hatte und anderen Götzen hinterhergelaufen war. So versammelte er alle Ältesten, Propheten, Priester und das ganze Volk von Jerusalem, um ihnen aus dem Buch vorzulesen.

Die Menschen schämten sich für ihre Sünde und einigten sich, alle Worte des Buches zu befolgen.

1. Könige 13,23-31; 2. Könige 21,24; 22,8-11; 23,1-3

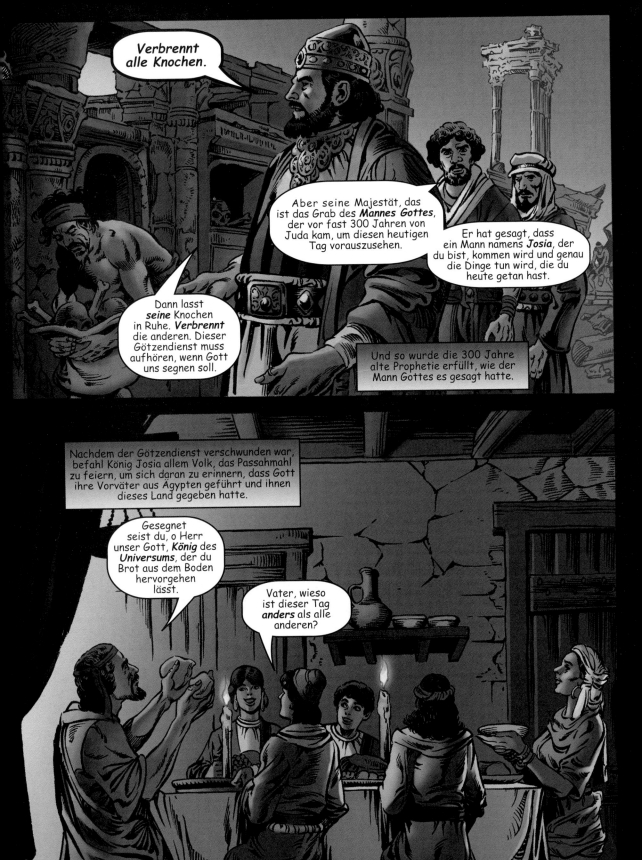

Neben dem Palast Ahabs lag ein Weinberg, der Nabot gehörte. Oft schaute Ahab aus dem Fenster, bewunderte seine Schönheit und wünschte sich, der Weinberg gehöre ihm. Je mehr er darüber nachdachte, umso mehr begehrte er den Besitz seines Nachbarn. Das Gebot besagt: „Du sollst nicht begehren deines Nächsten Gut", aber Ahab kümmerte sich nicht um Gott.

Ahab hatte genügend Geld und so beschloss er, den Weinberg einfach zu kaufen.

Verkaufe mir deinen Weinberg. Er liegt direkt neben meinem Haus. Ich werde dir woanders einen **besseren** Weinberg geben.

Gott würde so etwas nicht erlauben.

Dieses Land ist seit über **500** Jahren im Besitz meiner Familie. Das Gesetz verbietet uns, unser Land an jemanden außerhalb der Familie zu verkaufen.

Sag mir, Liebling, warum **isst** du nichts? Warum bist du so traurig?

Weil **Nabot** mir seinen Weinberg nicht verkaufen will.

Du bist der König. Du hast die Macht, zu tun und lassen, **was du willst**. Lass einen einfachen Bürger deinem **Glück** nicht im Wege stehen. Ich werde dir den Weinberg besorgen.

2. Mose 20,17; 1. Könige 21,1-7

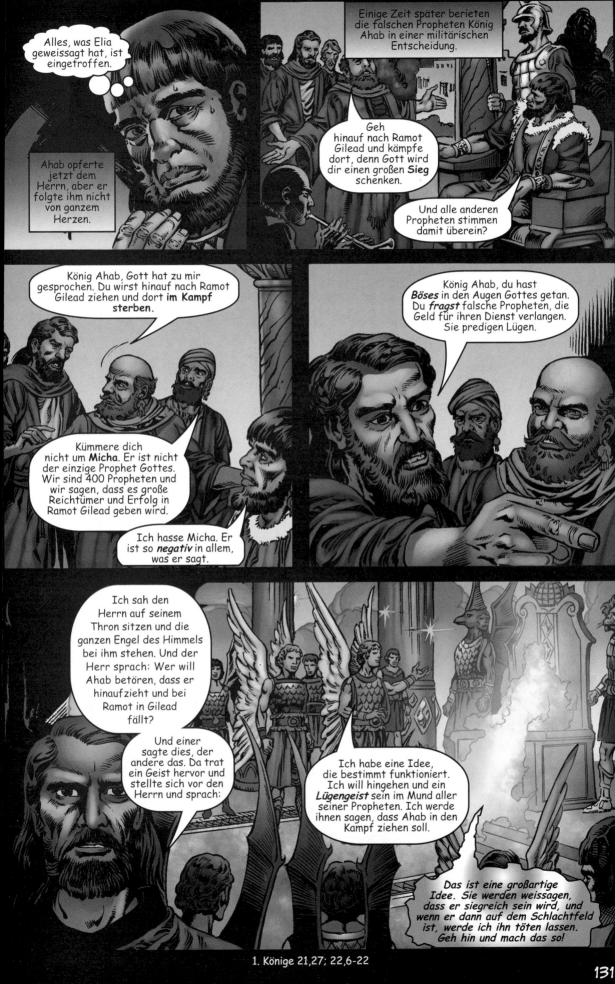

1. Könige 22,34

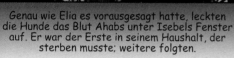

1. Könige 22,37-38; 2. Könige 9,8-10

2. Könige 2,3-7

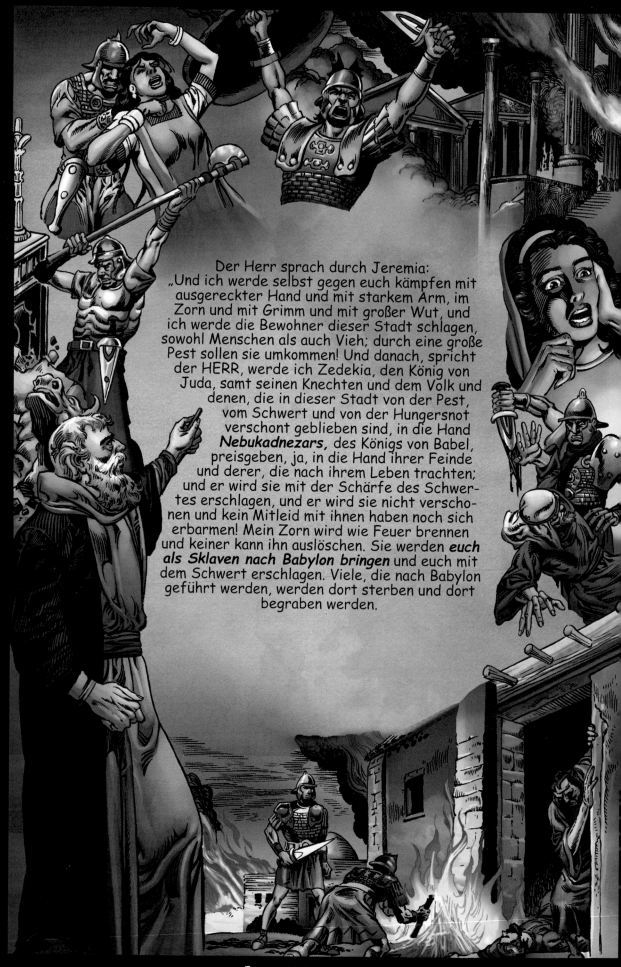

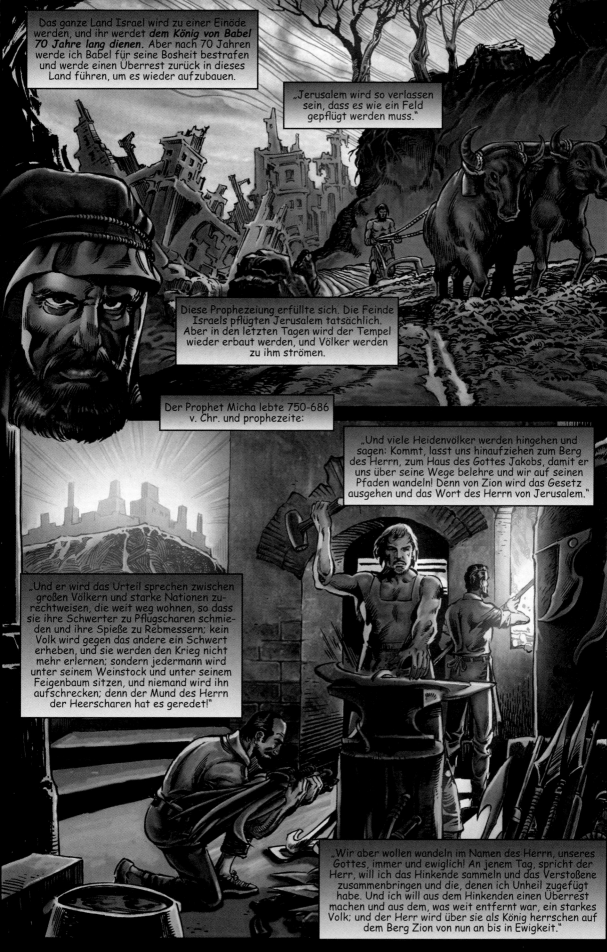

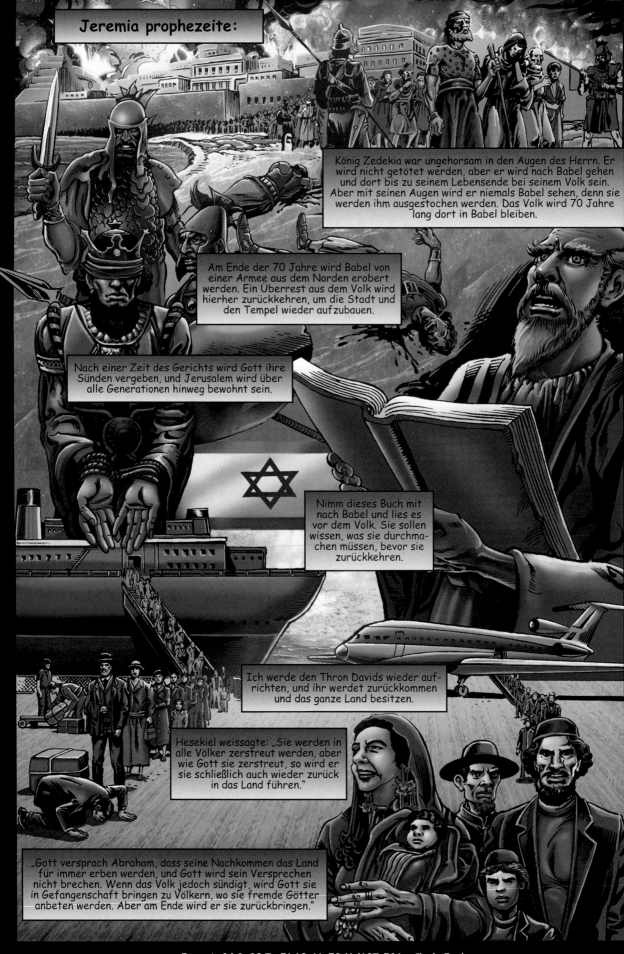

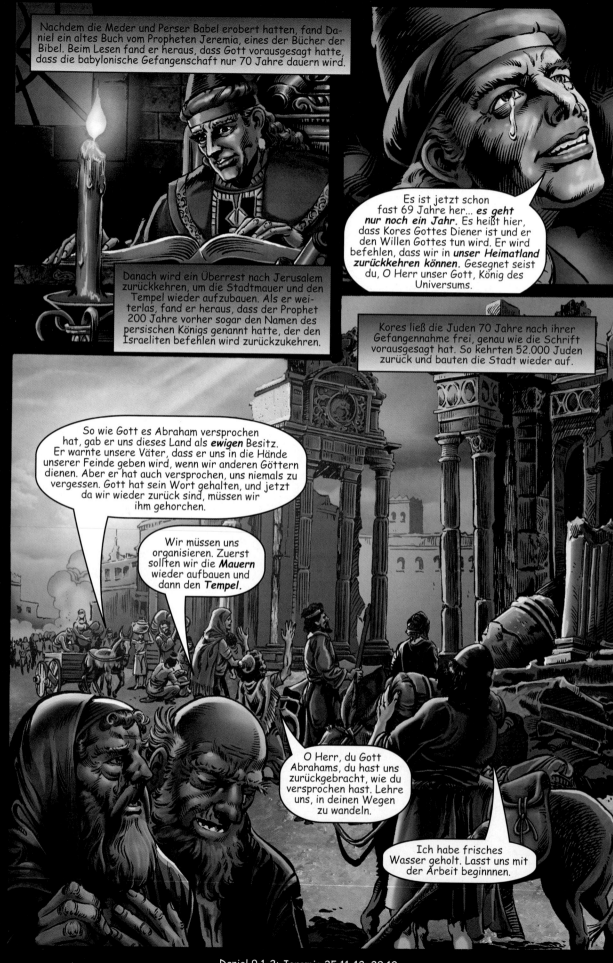

Daniel war sehr alt, deswegen ging er nicht zurück nach Jerusalem. Aber er spielte weiterhin eine wichtige Rolle als Berater für die medopersischen Könige, die in Babel regierten. Gott gab ihm noch einige Visionen über kommende Zeiten, sogar bis zum Ende aller Zeiten. In einem Traum sah er ein Tier aus Metall, und ein Engel erklärte ihm, was es zu bedeuten hatte.

Gott zeigt dir, was in den letzten Tagen geschehen wird. Er offenbarte Nebukadnezar, dass es *vier* Königreiche geben wird. Bis jetzt bestanden zwei, und nach dem medopersischen Reich wird das griechische Reich kommen. Dieses Reich wird schnell erobern, aber auch bald fallen und in vier Reiche aufgeteilt werden, die dann untereinander kämpfen, bis nur noch *zwei* bestehen. Sie werden jahrelang hin und her kämpfen, bis sie vom vierten Reich besiegt werden, das dieses Tier aus Metall darstellt.

Das vierte Königreich wird wie Eisen sein, *mächtiger* und gefährlicher als *alle* anderen Reiche. Es wird alle besiegen, aber in den letzten Tagen wird es in 10 Nationen unterteilt werden. Dann wird ein Mann an die Macht kommen und friedlich reden. Er ist das letzte Horn, das aus dem Kopf des Tieres hervorwächst. In den letzten Tagen wird er *schmeichlerisch Frieden versprechen*, wird aber erobern und zerstören. Er wird dann den Gräuel im Allerheiligsten des jüdischen Tempels aufstellen und den Tempel so verunreinigen, dass es keine Opfer mehr geben kann. Dann wird eine Zeit *großer Trübsal* über die Erde kommen, aber die Gerechten werden errettet werden.

Daniel 7,17-28; Matthäus 24,4-25

Daniel, Gott will, dass du weißt, was passieren wird und wann. Von dem Zeitpunkt an, da der Befehl kommt, den Tempel wieder aufzubauen, bis zu dem Tag, da der Messias für die Sünden der Welt getötet wird, werden 483 Jahre sein. Dann wird der Tempel wieder zerstört.

Diese Prophezeiung wird erfüllt werden und der Messias wird gesalbt werden. Es wird eine Sühnung für die Sünde geschehen, und ewige Gerechtigkeit wird den Menschen gegeben werden.

Genau wie Daniel es aufgeschrieben hatte, zog der Messias genau an dem Tag in Jerusalem ein, als 483 Jahre vergangen waren.

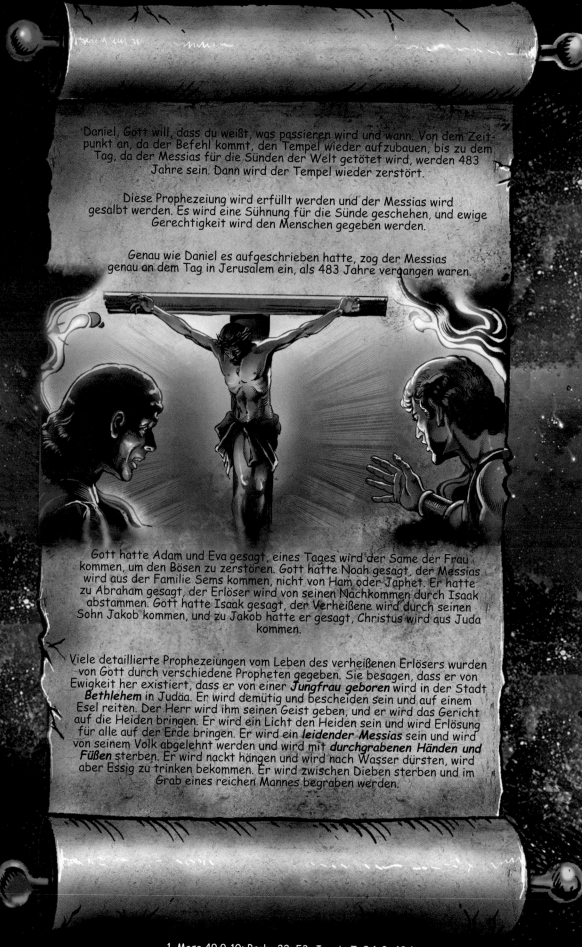

Gott hatte Adam und Eva gesagt, eines Tages wird der Same der Frau kommen, um den Bösen zu zerstören. Gott hatte Noah gesagt, der Messias wird aus der Familie Sems kommen, nicht von Ham oder Japhet. Er hatte zu Abraham gesagt, der Erlöser wird von seinen Nachkommen durch Isaak abstammen. Gott hatte Isaak gesagt, der Verheißene wird durch seinen Sohn Jakob kommen, und zu Jakob hatte er gesagt, Christus wird aus Juda kommen.

Viele detaillierte Prophezeiungen vom Leben des verheißenen Erlösers wurden von Gott durch verschiedene Propheten gegeben. Sie besagen, dass er von Ewigkeit her existiert, dass er von einer **Jungfrau geboren** wird in der Stadt **Bethlehem** in Judäa. Er wird demütig und bescheiden sein und auf einem Esel reiten. Der Herr wird ihm seinen Geist geben, und er wird das Gericht auf die Heiden bringen. Er wird ein Licht den Heiden sein und wird Erlösung für alle auf der Erde bringen. Er wird ein **leidender Messias** sein und wird von seinem Volk abgelehnt werden und wird mit **durchgrabenen Händen und Füßen** sterben. Er wird nackt hängen und wird nach Wasser dürsten, wird aber Essig zu trinken bekommen. Er wird zwischen Dieben sterben und im Grab eines reichen Mannes begraben werden.

1. Mose 49,9-10; Psalm 22; 53; Jesaja 7; 9,1-2; 42,1;
49,6; 53; Daniel 9,25-26; Micha 4,14; Sacharja 9,9;
Matthäus 24,1-2; Hebräer 2,9

Daniels Prophezeiungen über die vier Königreiche wurden genauso erfüllt, wie er sie vorausgesagt hatte. 330 v. Chr. begann Alexander der Große von Griechenland einen siebenjährigen Feldzug und eroberte die ganze damals bekannte Welt, einschließlich des gewaltigen medopersischen Reichs. Die Griechen hielten ihre Macht bis etwa 167 v. Chr. Danach fing Rom, das vierte Königreich, an zu erobern.

In Nebuchadnezars Traum stellten die Füße und Beine aus Eisen Rom dar und in Daniels Vision das Tier aus Metall. Es nahm an Kraft und Gebiet zu, genauso wie die Propheten es vorausgesagt hatten. 5 v. Chr. regierte es Israel mit einer eisernen Hand.

500 Jahre später

Mehr als 500 Jahre waren seit Daniels Weissagungen vergangen. 6 v. Chr. gewährten die Römer den Juden Religionsfreiheit, legten ihnen aber hohe Steuern auf. Der Tempel war wieder aufgebaut und war der Mittelpunkt des jüdischen Lebens. Die meisten hatten die Prophezeiungen eines kommenden Messias vergessen, aber einige hielten noch das Gesetz und warteten auf den Christus. Unter ihnen war ein alter Mann namens Simeon. Er war ein heiliger Mann, der sich danach sehnte, den zu sehen, von dem die Propheten sprachen. Jahrelang hatte er die Prophezeiungen gelesen und wusste, die Zeit war nahe. Aber jetzt war er alt und hatte wahrscheinlich nicht mehr lange zu leben. Es war 4000 Jahre her, dass Gott Eva einen Nachkommen versprochen hatte, der die Werke des Bösen zerstören wird.

Jetzt war die Zeit da. Über 350 Prophezeiungen standen kurz davor, erfüllt zu werden.

KAP 8 — DAS NEUE TESTAMENT

Matthäus 3,13-17; Lukas 3,31-22

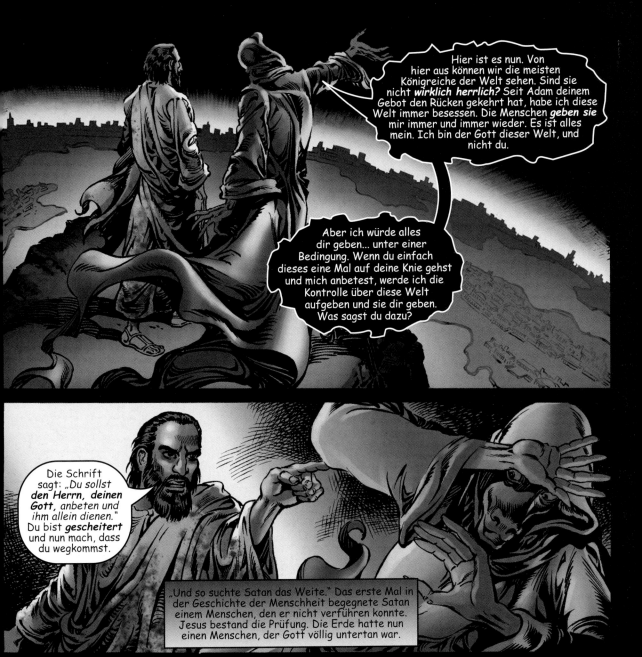

Matthäus 4,8-11; Lukas 4,14

Matthäus 5,27-28; 7,13-14.28-29; 23,27-28; Johannes 5,18-19.23.29-30; 14,6

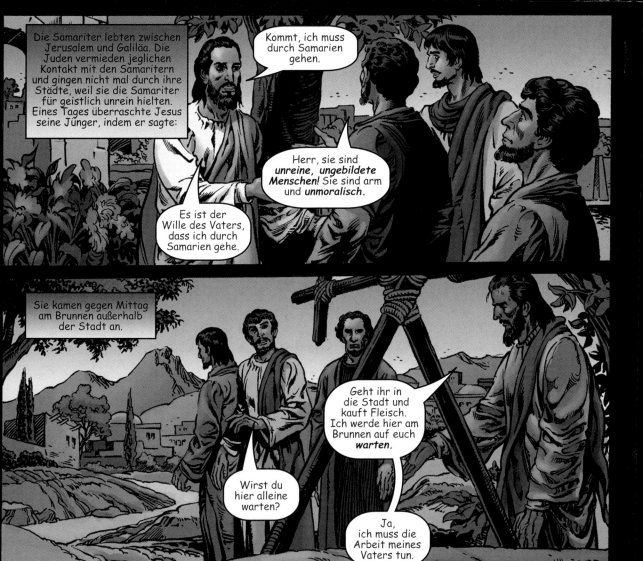

Johannes 4,1-8

Johannes 4,7-29.40

Johannes 5,1-8

Matthäus 5,43-44; Lukas 10,36-37

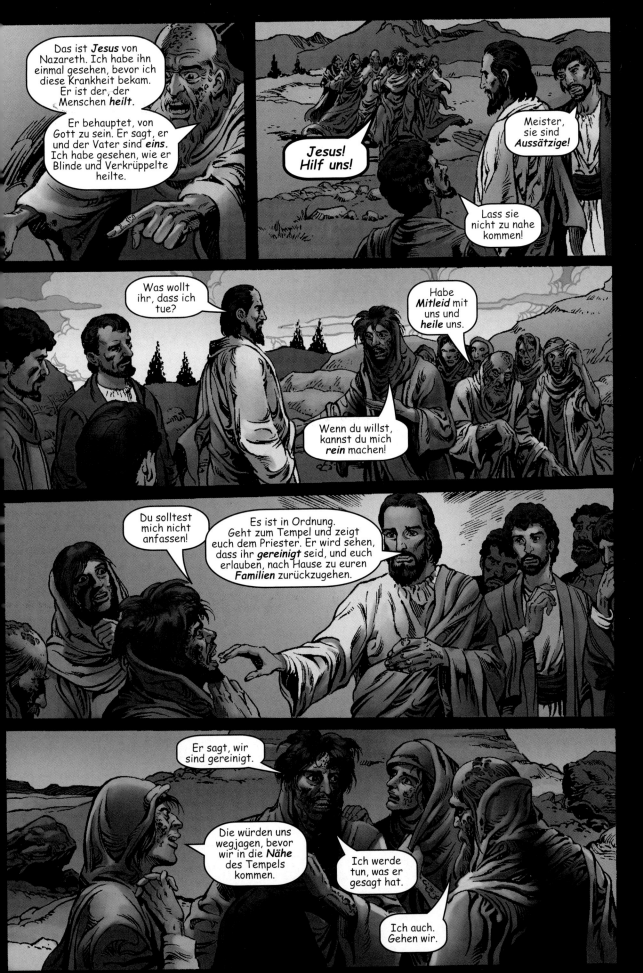

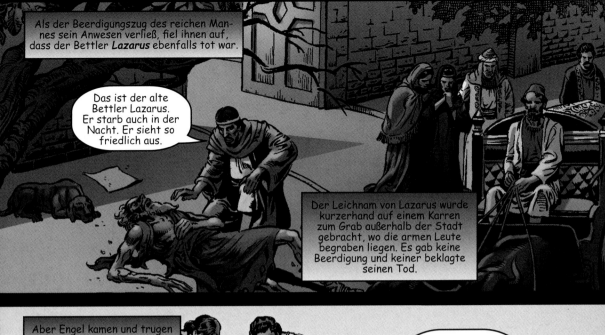

2. Moses 20,14; Lukas 8,2; 1. Johannes 1,9

Lukas 15,20-22

Lukas 15,23-32

KAP 11 — PASSAH UND LEIDEN

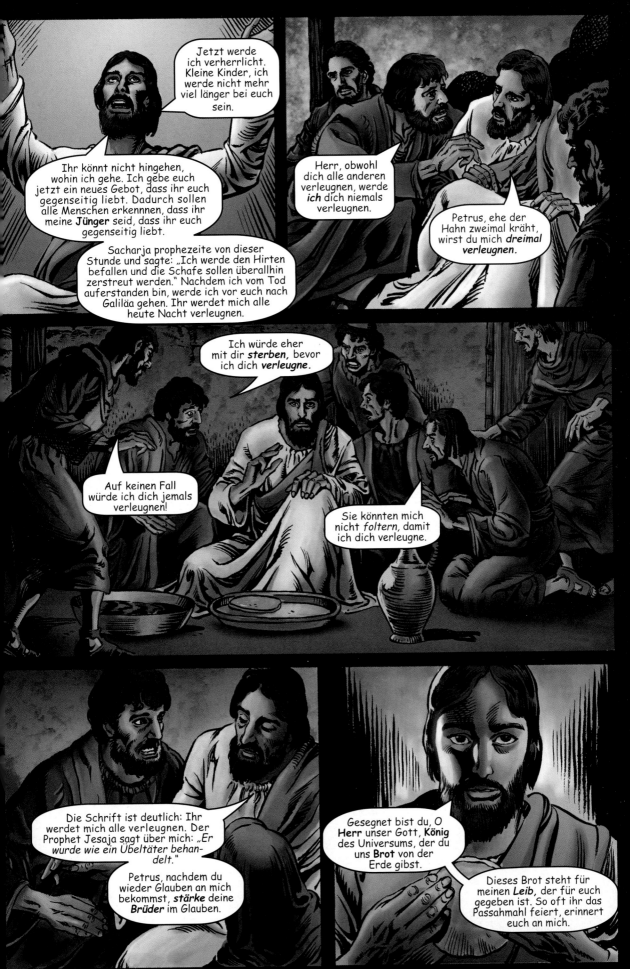

Johannes 14,1-3; 1. Korinther 11,24-26

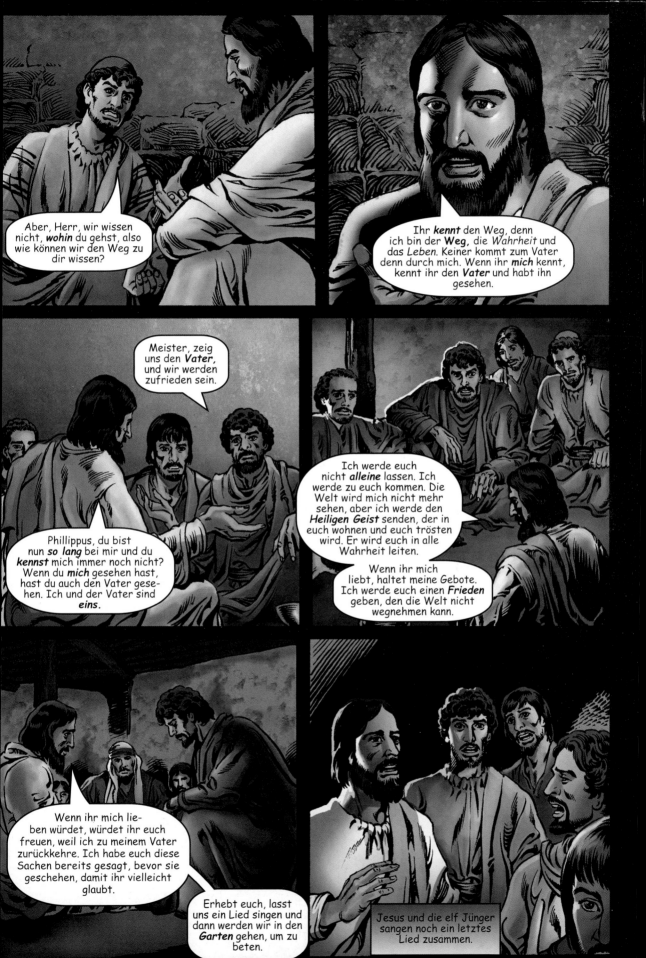

Matthäus 26,40.45-50; Johannes 12,27; 18,1-4

Johannes 18,4-6.10

Matthäus 26,52-57; Markus 14,51-52; Lukas 22,50-51

Matthäus 27,5; Apostelgeschichte 1,18

Lukas 23,11; Johannes 19,1-2

Johannes 19,1-3

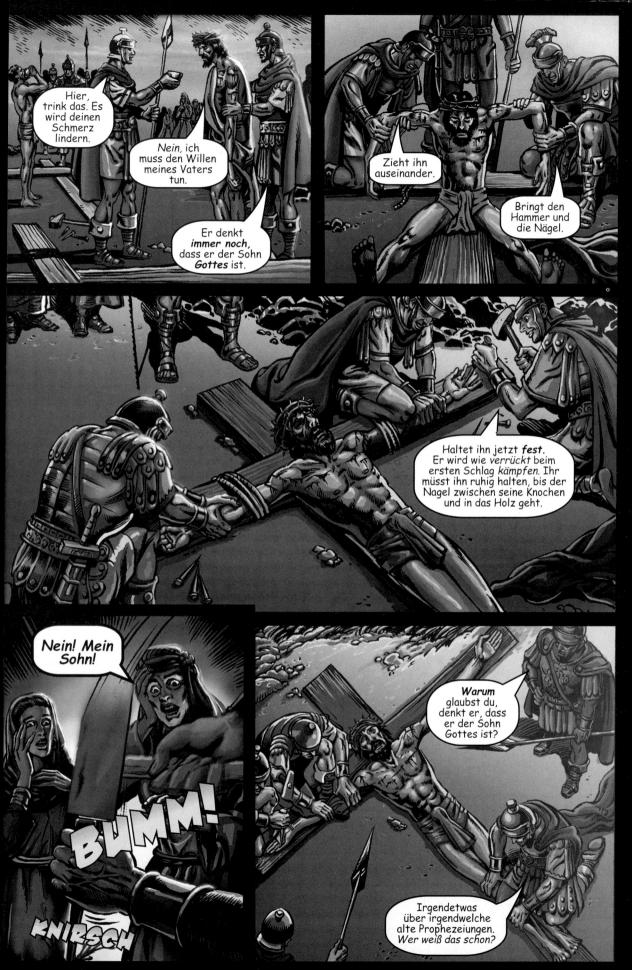

Psalm 69,22; Lukas 23,36-43; Johannes 19,25-27

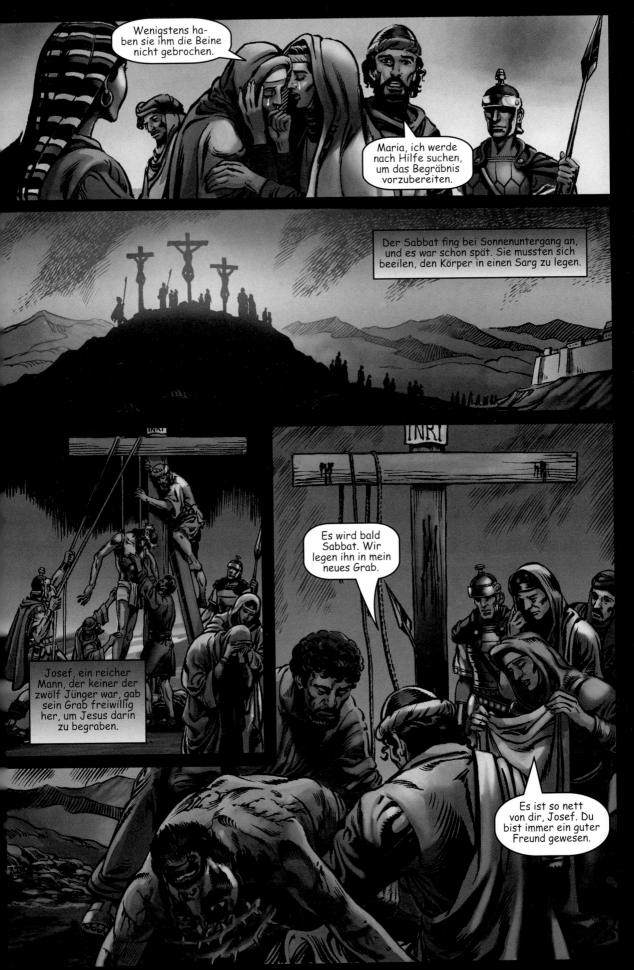

KAP 12 — AUFERSTEHUNG UND DIE ERSTE GEMEINDE

Matthäus 28,2-4

Lukas 24,28-32

Lukas 24,49-51; Apostelgeschichte 1,7-11

Psalm 118,22; Apostelgeschichte 4,7-21

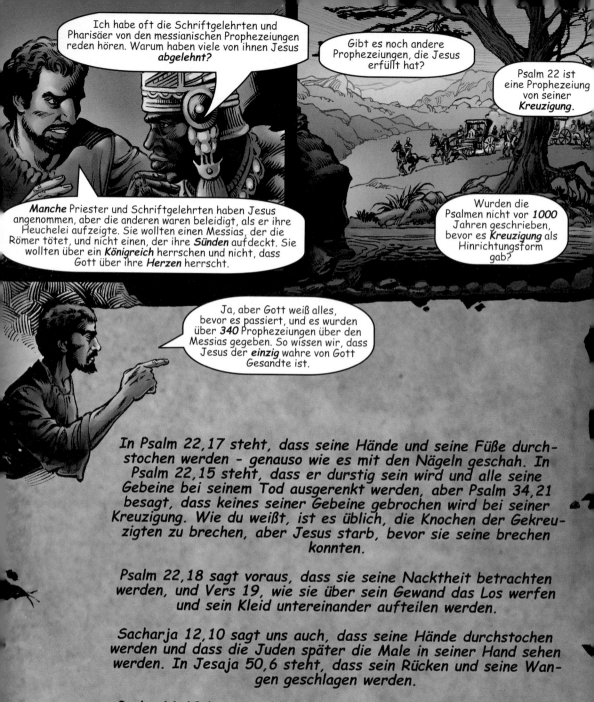

Apostelgeschichte 9,7-19

Johannes 3,16

Apostelgeschichte 19,2-5; Römer 6,3-4

Johannes 15,20; Matthäus 5,11-12

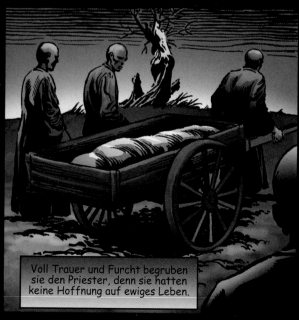

Johannes 15,13

WAS IST DIE BIBEL?

Die „Bibel", auch „Heilige Schrift" oder „das Wort Gottes", bildet die Glaubensgrundlage der christlichen Religion. Dieses Buch ist sehr anders als andere Bücher. Die Bibel besteht aus 66 einzelnen Büchern, die von ungefähr 40 verschiedenen Autoren geschrieben wurden, die alle aus Asien stammten. Diese Männer hatten verschiedene Berufe, wie Könige, Steuereintreiber, Fischer, Ärzte, Bauern, Diener, Juristen, usw. . Sie schrieben die Bibel in einer Zeitspanne von ungefähr 1500 Jahren. Die meisten dieser Männer kannten sich nicht und lebten an unterschiedlichen Orten, und dennoch: Als die einzelnen Bücher und Teile der Bibel endlich zusammengefügt wurden, hatte die ganze Bibel die gleiche Bedeutung und erzählte die gleiche Geschichte. Das ist nur möglich, weil der Heilige Geist Gottes die Männer zum Schreiben eines jeden Teiles inspiriert hatte. Deshalb ist die Bibel ein uraltes Buch, das in der heutigen Zeit äußerst beliebt ist. Die Bibel war das erste Buch, das je auf einer Druckerpresse gedruckt wurde; und sie wurde in viele Sprachen der Welt übersetzt.

Die Bibel ist in zwei Hauptteile aufgeteilt: das Alte Testament und das Neue Testament. Das Alte Testament besteht aus 39 Büchern, unterteilt in 927 Kapitel. Dieses Alte Testament war ursprünglich in der hebräischen Sprache geschrieben, die so aussieht:

בראשית ברא אלהים את השמים ואת הארץ

Dieses Alte Testament, von dem wir sprechen, ist immer noch die Heilige Schrift der Juden von heute.

Was das Neue Testament angeht, besteht dies aus 27 Büchern und hat 260 Kapitel. Die Verfasser dieses Teils der Bibel benutzten alle die griechische Sprache, die so aussieht:

εν αρχη ην ο λογος και ο λογος ην προς τον θεον και θεος ην ο λογος

Die Bibel berichtet wahrheitsgetreu die Geschichte der Welt und sagt auch ihr Ende voraus. Sie erzählt vom Ursprung der Menschheit, der Ursache von Sünde und spricht von Himmel und Hölle.

Die Tatsache, dass die Bibel wiederholt die Zukunft voraussagte und dass sich die Prophezeiungen immer als wahr herausstellten, beweist, dass die Bibel ein übernatürliches Buch ist.

Die Bibel hat die richtigen Antworten für höchstwichtige Fragen wie:
- Warum sind wir hier? Was ist unser Sinn?
- Warum müssen wir sterben?
- Wohin geht unser Geist nach dem Tod?
- Werden wir nach dem Tod reinkarniert wiederkommen?
- Sind Teufel anders als die Geister der Toten?
- Wie unterscheiden wir Menschen uns von den Tieren?
- Was ist Sünde?
- Was müssen wir tun, um erlöst zu werden aus dem Kreislauf von Sünde und Karma?
- Gibt es wirklich einen Gott?
- Warum erfährt die Menschheit Leiden und Enttäuschung und stirbt schließlich?

Wenn Sie zu diesen Fragen Antworten wünschen oder eine Ausgabe der Bibel möchten, kontaktieren Sie bitte eine christliche Gemeinde vor Ort oder European Missionary Press, Bibel Baptisten Gemeinde., Hauptstraße 61 A, 69257 Wiesenbach, www.empgermany.com

DIE VISION

Es ist es unser Ziel, dieses illustrierte chronologische Buch über das Evangelium in jede Sprache der Erde übersetzt und verteilt zu sehen. Das wäre für uns allein eine unmöglich zu bewältigende Aufgabe. Wenn Sie ein Christ sind, der sich daran beteiligen möchte, dieses Buch in jede Sprache zu übersetzen, dann sind wir bereit, es ihnen kostenlos zur Verfügung zu stellen. Wir haben das Copyright in allen Sprachen und sind der einzige englischsprachige Vertreiber; aber wir sind bereit, denen, die von ihrer Lehre her qualifiziert sind, alles zur Verfügung zu stellen, was sie brauchen, um an Übersetzung und Formatierung weiterzuarbeiten. Wenn es einmal in eine gegebene Sprache übersetzt ist, haben wir das Recht, die Übersetzung anderen Missionaren zur Verfügung zu stellen, die es drucken und vertreiben wollen. Sollten Sie am Übersetzen interessiert sein, kontaktieren Sie uns bitte und wir werden Ihnen weitere Informationen senden.

No Greater Joy Ministries
1000 Pearl Road
Pleasantville, TN 37033
www.nogreaterjoy.org

„Gut und Böse" wurde in dutzende Sprachen übersetzt und gedruckt und mehr als 60 weitere Sprachen sind in Bearbeitung.

Um den Status der aktuellen Übersetzungen zu sehen, gehen Sie einfach auf:

www.nogreaterjoy.org/good-and-evil

Andere Bücher, die bei European Missionary Press erschienen sind

Gebetsanliegen

Wir bekommen einen realistischen Einblick in unser eigenes Gebetsleben: Wie häufig nutzen wir die wunderbare Gelegenheit des Gebets eigentlich?

Unser Gebetsleben wird regelmäßiger, weniger sporadisch.

Wir können Gott bewusst für Gebetserhörungen danken und preisen, die wir sonst vielleicht ganz übersehen hätten. Durch das bewusste Wahrnehmen der Erhörungen werden wir ermutigt, weitere Anliegen vor den Herrn zu bringen.

Gottes Wirken in unserem Leben und unser geistiges Wachstum werden sichtbarer und greifbarer: Was hat uns vor einem halben Jahr oder Jahr noch tief beschäftigt, über das wir inzwischen durch Gottes Gnade den Sieg bekommen haben?

Dieses attraktiv gestaltete Büchlein soll uns dazu ermuntern, regelmäßig und ausführlich von der Möglichkeit des Gebets Gebrauch zu machen.

Zwei Reiche

Dieses Buch ist ein christliches politisches Geschichtswerk oder eine christliche Geschichtsphilosophie. Es erklärt den Unterschied zwischen dem Reich Gottes und dem Himmelreich.

Dabei wird aufgezeigt, dass die beiden nicht identisch sind (und es auch nie waren). Der Ursprung, die Entwicklung, die Geschichte und die Erfüllung beider Reiche werden dargelegt und mit ihrem Gegenstück in weltlicher Geschichte verglichen.

Das Ergebnis ist ein aufschlussreicher Einblick in die interessanten Zusammenhänge zwischen Bibel und Geschichte.

Ein gut fundiertes Buch zur Bibel mit vielen Versangaben zum Selbernachschlagen und Vertiefen, das Antworten auf viele Fragen geben kann:

* Was passiert, wenn der Evolutionsgedanke auch auf Geschichte angewendet wird?
* Wo ist der Unterschied zwischen Gott im Alten und Gott im Neuen Testament?
* Warum gibt es gerade um die Stadt Jerusalem so viele bewaffnete Konflikte?
* Warum gibt es keinen dauerhaften Frieden auf Erden?
* Sollten Christen versuchen, die Welt zu verbessern, oder „nur" das Evangelium predigen?